Autor: Francisco Muñoz Soler.

Título de la obra: *Poemas selectos. Selected Poems*

Número de páginas: 314

ISBN-10: 84-933290-8-8

ISBN-13: 978-84-933290-8-2

Género: Poesía.

Año de Publicación: 2017.

© **Del texto del libro:** El autor.

Traducción: Elena Álvarez Matey y Juan Navidad.

Edición y diagramación: Juan Navidad
www.costaliteraria.com

Costa Literaria Ediciones, Béjar, Salamanca, España, 2017.

Poemas Selectos
Selected Poems

Francisco Muñoz Soler

Costa Literaria
Ediciones
costaliteraria.com

INTRODUCCIÓN

El proceso de escribir poesía se puede definir o catalogar de muchas formas. En una de ellas podríamos decir que consiste en crear belleza. Y ya con esa frase podríamos iniciar debates que nos ocuparían decenas de libros y horas de conversación. ¿No es acaso "belleza" lo que encontramos en obras de arte también terribles? Una amiga, poeta y gran decantadora de la realidad, Txiki, me habló un día de un cuadro, La balsa de la Medusa, pintado por Théodore Géricault en el siglo XIX, en el que un buen número de naúfragos trata de salvarse del hundimiento de un barco. La escena es terrible, dantesca, pero al mismo tiempo la plasticidad, la forma en que se retrata el dramatismo tiene una exactitud, unas luces y sombras, una credibilidad tal que podría considerarse que alcanzan la perfección en cuanto a su belleza.

Francisco Muñoz Soler tiene en su poesía el trazo de un pintor que conoce muy bien la técnica por todo lo que lee y ha leído, por todo lo que ha escrito, y al mismo tiempo, como mi amiga poeta que mencionaba antes, también posee la cualidad de saber tamizar, intuir, describir en apenas un esbozo algo que puede estar cargado de inocencia o ser grotesco, cruel o temible. Y es que la vida es o puede ser exactamente así. La poesía la pone encima de la mesa. Si estamos recluídos en nuestras casas contemplando nuestros ombligos y no salimos a ver el mundo, hablaremos de él a través de las opiniones o descripciones sesgadas que alguien ha hecho para nosotros. Francisco no utiliza intermediarios, su poesía nos trae el mundo, nos lo pone encima de nuestra mesa para que descubramos tanto su grandeza como sus numerosos matices, incluso su crueldad.

Sus viajes poéticos nunca son monocromos en su faceta de pintor, sino que son sin excepción estallidos de color unas veces más sutiles y otros más llamativos incluso auténticas bofetadas. Al fin y al cabo, es eso lo que se encuentra una persona que viaja con los ojos y los versos bien abiertos: ahí fuera, lejos de las zonas turísticas y las cárceles de extranjeros frente al mar donde todo está incluído, la vida brota como un río no secuestrado por el hormigón. Las personas tienen curiosidad, te lo dan todo o te quitan el aliento con una mirada. Un poeta cualificado para descifrar las realidades, para escuchar y transmitir sin traducir lo que ha visto, es una joya cultural que todos deberíamos preservar. Ese es el valor de lo que hace nuestro poeta.

Francisco Muñoz Soler es un notario, pero no de los que esperan parapetados en su oficina a que lleguen las potenciales víctimas de bancos y vendedores a firmar sus hipotecas y transacciones. Él es un notario de la poesía, sale a encontrar los corazones que palpitan en el barro de cualquier país. Es una persona que sabe tratar y aprender de cada persona más allá del saludo protocolario y el gélido apretar de manos.

Viajar nos alimenta el alma, igual que la poesía y nos ayuda a ver nuestra desnudez en el mundo con otros prismas. Así, nuestra familia, nuestra ciudad, nuestro entorno adquiere matices nuevos cuando acabamos de alejarnos para volver, en un sístole y diástole que también es el que hace palpitar a nuestros versos. Porque no es cierto que el mundo es solo un rompecabezas de países de colores, con banderas y símbolos; el mundo es una colección gigantesca de grises que van desde el blanco imposible al negro oscuro y el buen poeta, como buen fotógrafo, debe encontrar siempre las herramientas exactas, las palabras, giros, el objetivo, el encuadre, las metáforas, el tiempo justo y la abertura ideal que transmita exactamente lo que estábamos viendo y ya no existe. La poesía es ese instante que ya no existirá nunca, pero que podemos releer siempre, crecer un poco para no ser jamás la misma persona que abrió el libro instantes antes...

Juan Navidad
poeta y editor

INTRODUCTION

The process of writing poetry can be defined or cataloged in many ways. In one of them we could say that it consists in creating beauty. And already with that phrase we could start debates that would occupy us tens of books and hours of conversation. Is not "beauty" what we find in works of art also terrible? A friend, poet and great decanter of reality, Txiki, spoke to me one day of a painting, The Raft of the Medusa, painted by Théodore Géricault in the 19th century, in which a good number of shipwrecked people try to save themselves from the collapse of a boat. The scene is terrible, dantesque, but at the same time the plasticity, the way it portrays the drama has an accuracy, some lights and shadows, such a credibility that could be considered to achieve perfection in its beauty.

Francisco Muñoz Soler has in his poetry the stroke of a painter who knows the technique very well for everything he reads and has read, for everything he has written, and at the same time, as my friend poet who mentioned before, also owns the quality of knowing to shift, to intuit, to describe in just a sketch something that can be loaded with innocence or to be grotesque, cruel or fearful. And it is that life is or may be exactly like this. poetry puts it on the table. If we are secluded in our houses contemplating our navels and do not go out to see the world, we will speak of it through the opinions or biased descriptions that someone has made for us. Francisco does not use intermediaries, his poetry brings the world, puts it on our table so that we discover both its greatness and its many nuances, including its cruelty.

His poetic journeys are never monochrome in his facet of painter, but are without exception burst of color some more subtle and other more striking even authentic slaps. After all, this is what a person who travels with eyes and verses well open: out there, away from tourist areas and prisons of foreigners facing the sea where everything is included, life springs as A river not hijacked by concrete. People are curious, they give you everything or they take your breath away with a look. A poet qualified to decipher the realities, to listen and transmit without translating what he has seen, is a cultural jewel that we should all preserve. That is the value of what our poet does.

Francisco Muñoz Soler is a notary, but not of those waiting in his office for the potential victims of banks and sellers to sign their mortgages and transactions. He is a notary of poetry, he goes out to find the hearts that beat in the mud of any country. He is a person who knows how to treat and learn from each person beyond the formal greeting and the frigid handshake.

Traveling nourishes the soul, like poetry, and helps us see our nakedness in the world with other prisms. Thus, our family, our city, our environment becomes new nuances when we have just moved away to return, in a systole and diastole that is also the one that makes our verses palpitate. Because it is not true that the world is just a puzzle of colored countries, with flags and symbols; The world is a gigantic collection of grays ranging from impossible white to dark black and a good poet, as a good photographer, must always find the exact tools, the words, the turns, the objective, the framing, the metaphors, the right time And the ideal aperture that conveys exactly what we were just seeing and no longer exists. Poetry is that instant that will never exist, but we can always reread, grow a little to never be the same person who opened the book just an instant before.

Juan Navidad
Poet & Publisher

ÍNDICE

TABLE OF CONTENTS

Poemas Selectos
Selected Poems
Francisco Muñoz Soler

PREHISTORIA POÉTICA

POETIC PREHISTORY

1978-1996 *

QUÉ FRÁGILES SON NUESTRAS VIDAS,

qué fugaces, qué absurdas,

qué crueles, qué hermosas

mientras duran.

HOW FRAGILE OUR LIVES ARE,

how fleeting, how absurd,

how cruel, how beautiful

while they last.

ESPERAMOS lo que nuestro sentido común

no entiende ni acepta.

Rezo a Dios para que mi sentido común

sea un cubo de agua en el océano

de la comprensión.

WE WAIT

We hope what our common sense

doesn't understand nor accept.

I pray to God that my common sense

is a bucket of water in the ocean

of understanding.

VIVIR

es un ejercicio de actitud constante

un dejarse llevar y a la vez retener

las complejas esencias

de nuestras emociones y sentimientos.

LIVE

is an exercise of constant attitude

a letting go and also retaining

complex essences

of our emotions and feelings.

LOS INTERESES CREADOS convierten la verdad
en demagogia,
la libertad en un bien colectivo,
el progreso en materiales de consumo
y la felicidad en un seguro de vida para después
de la muerte.

VESTED INTERESTS

Vested interests make the truth in demagoguery,

freedom in a collective good,

progress in expendables

and happiness in a life insurance after death.

SENTIRME VIVO

justificar ante mi consciencia

que está mereciendo la pena

este viajecito del nunca jamás

por la minúscula senda

hacia un final

de silencio e inquietud

pleno de preguntas sin respuestas.

FEEL MYSELF ALIVE

justify to my conscience

it is worthwhile

this little trip of Nevermore

by a the tiny path

to a final

of silence and restlessness

full of unanswered questions.

MÁLAGA

Luz dorada de primavera

quietud bajo azul celeste

horizonte bañado de mar serena

gentes que enriquecen sus ámbitos

entramado de encantamientos y flores

como paraíso bautizada

es mi cuna y en ella

mi Málaga

vivo.

MÁLAGA

Golden light in spring

stillness under sky-blue

horizon bathed in calm sea

people who enrich their scopes

network of enchanments and flowers

as a baptized paradise

it is my craddle and in her

my Málaga

I live.

LA MÁGICA UNIDAD DE MI VIDA
y LLUVIA ÁCIDA

THE MAGIC UNITY OF MY LIFE
and ACID RAIN
2000

VENTEAR DESDE LA PRIVILEGIADA POSICIÓN

que su sensibilidad le otorga

y observar con cuidado detalle

los acontecimientos que en el mundo

se desarrollan

para lanzarse sobre ellos

es la misión del autentico poeta

debe ser perro de su tiempo.

BLOW LIKE THE WIND
 FROM THE PRIVILEGED POSITION

that its sensitivity gives

and carefully observe in detail

the events that unfold in the world

to pounce on them

it is the mission of authentic poet

to be a dog of his time.

SOY CONSCIENTE de la dificultad

de realizarme en lo que me satisface

porque en esta vida

no es suficiente con ser bueno

además es necesario ser afortunado,

pero si no busco mi propia senda

abonaré mis días

de rutinas y convencionalismos

hasta que la voracidad

cobre su necesario tributo

y desearé desandar lo vivido.

I AM AWARE of the difficulty

to fulfill myself in what satisfies me

because in this life

it is not enough to be good

you also need to be lucky,

but if I do not seek my own path

I will fertilize my days

with routines and conventions

until voracity

collects its necessary tribute

and I will wish to retrace the lived.

LOS AÑOS sólo son números

en el espacio cuadriculado de nuestras mentes,

cuadrículas al servicio de nuestras angustias

y de la fugacidad de nuestras vidas.

YEARS are just numbers

in the grid space of our minds,

grids serving our anxieties

and the transience of our lives.

PORQUE ES BREVE,

cruel, terrible e inclemente

la vida que nos toca vivir,

debemos aferrarnos a ella

para que en el día

de nuestra propia muerte,

sepamos que al menos

tuvimos la dignidad

de querer vivirla,

de ser reyes de un minúsculo

pero espléndido fulgor.

BECAUSE IT IS SHORT,

cruel and unforgiving awful

the life that we have to live,

we must cling to

for the day

of our own death,

we know that at least

we had the dignity,

the desire to live it,

be kings of a tiny

but splendid glare.

TE PALPO EN EL VIENTRE DE TU MADRE

"Solo por vivir estos momentos

merece la pena haber nacido

y todas sus consecuencias"

Te palpo en el vientre de tu madre

y noto la dureza con que te afirmas

el empuje con que defiendes tu espacio,

te acaricio con cariño con la esperanza

de transmitirte vibraciones de amor

por el canal que para ti me he abierto

desde mi corazón hasta el final de mi tacto,

poco a poco voy acomodándome

acercando mi oído al vientre de tu mamá,

mirándola a sus ojos preñados de orgullo

y abrazándome a su cuerpo te escucho

con mimo y empiezo a susurrarte

pequeñas caricias

para recordarte de que tu madre está ansiosa

por ofrecerte sus pechos de amor

y que voy descontando los días

rogando a Dios por tu bien y el de ella.

IN FEEL YOU IN THE BELLY
OF YOUR MOTHER

> "Only to live these moments
> being born is worthy
> and all its consequences"

I touch you in your mother's womb

and I notice how hard you affirm yourself

the push with which you defend your space,

I fondly cherish you with the hope

of transmitting you vibrations of love

through the channel for you I've opened

from my heart until the end of my touch,

I am gradually settling down

getting my ear closer to the womb

of your mother,

looking into her eyes pregnant with pride

and hugging your body I hear you

with care and start to whisper you small strokes

to remind you that your mother is anxious

for offering you her breasts of love

and I'm discounting the days

praying to God for your sake and hers.

HAY PALABRAS QUE SON COMO
LLUVIA BREVE

agua de cristales hirsutos que rasgan

como la más afilada de las garras

su maldad es que es lluvia ácida

y sobre las almas que resbalan

dejan úlceras dolorosamente putrefactas.

THERE ARE WORDS AS BRIEF RAIN

hirsute water crystals that tear

as the sharpest of the claws

their wickedness that is acid rain

and souls sliding

letting painfully putrid ulcers.

ÁSPERA TRISTEZA AHONDA MI ALMA,

un constante rechazo sangra mis venas,

luz difusa que me aniquila y ciega,

sobre campos agrestes sembré mi semilla,

amarga recompensa es mi áspera tristeza.

ROUGH SADNESS DEEPENS MY SOUL,

a constant rejection bleeds my veins,

diffused light that annihilates me blind,

on rough fields I planted my seed,

bitter reward is my rough sadness.

/

ÁSPERO TRÁNSITO
ROUGH TRANSIT
2006

ME QUEDO CON EL BESO
QUE ME DIO MI PADRE,

esa tarde, en el primer cumpleaños

de su quinta nieta, en la casa nueva

de mi hermano Juani, ese beso

espontáneo y profundo, cargado de espera,

de desprendido sentimiento de amor,

de sincero cariño paterno.

Esas muestras de amor son las que me quedan

las que nutren mis alforjas

en mi tránsito hacia un destino incierto.

Ocho días antes de su muerte.

I CHOOSE THE KISS MY FATHER GAVE ME,

that afternoon, on the first birthday

his fifth granddaughter in new house

my brother Juani, that kiss

spontaneous and deep, full of hopes,

of detached feeling of love,

sincere paternal affection.

These tokens of love are left me

which nourish my saddlebags

in my transition to an uncertain fate.

Eight days before his death.

AGUA DE MAR

a veces mansa, a veces brava,

baña mi cuerpo y mi alma.

No sé qué fortuna la instala

en los ríos, en las fuentes

y los grifos de mi casa,

regado por salobres aguas

voy trazando mi camino,

agua amarga que daña

mi vida y mi alma.

SEAWATER

sometimes gentle, sometimes brave,

bathes my body and my soul.

I do not know what fortune installed

in the rivers, sources

and faucets in my house,

watered by brackish waters

I traced my way,

bitter water that damages

my life and my soul.

DÓNDE ESTÁS, PAPÁ

sé que no estabas

en ese cuerpo lánguido y ausente.

WHERE ARE YOU, DAD

I know you were not

in that languid and absent body.

UNA FOTOGRAFÍA DE MI PADRE Y MI HIJO

Un continuo dialogo con ausentes

llena los avatares que sostienen mi vida,

un constante ir y venir hacia ninguna parte

intentando asirme a un algo o por qué,

ahora con mi padre que en la foto

sostiene a mi hijo en brazos

manteniendo orgulloso nuestro futuro,

con él hablo de las cosas que nunca nos dijimos

las intimidades ocultas que quizá no existieron

intentando darle sentido al inamovible vacío.

A PICTURE OF MY FATHER AND MY SON

A continuous dialogue with absent

full avatars holding my life,

a constant coming and going to nowhere

trying to cling to something or why,

now with my father in the picture

He is holding my son in my arms

Proud keeping our future,

with him I speak of the things we never said we

the hidden intimacies that may not exist

trying to make sense of the empty set in stone.

MI HIJO, TAN PARECIDO A LOS IRAQUÍES

me hace sentir que todas las guerras

son nuestras

que ninguna muerte nos es ajena,

que no hay ni tiempo ni lugar

para genocidios quirúrgicos

ni destrucción ni masacres

para justificar reconstrucciones humanitarias.

. . . . A cargo de los vencedores.

Jueves Santo de 2003

MY CHILD, SO ALIKE TO IRAQI ONES

makes me feel that all wars

are our

that no death is alien to us,

that there is no time or place

for surgical genocides

neither destruction nor massacre

to justify humanitarian reconstruction.

. . . . In charge of the victorious.

Holy Thursday, 2003

NO TE BESÉ, PAPÁ

Hoy casi dos después

ese recuerdo me invade con pena,

tal vez mi subconsciente me quiso ahorrar

la mala sensación del beso que le di a mi abuela,

aún sus mejillas de sabor a mármol recorren

mis entrañas

y no quise que ese fuese mi último

recuerdo de tu cuerpo,

ya abría mis carnes el frío de tus manos,

mi pecho abierto por la impotencia

ante la iniquidad de la muerte me paralizaba

sólo veía que no respondías,

donde ya estabas papá, aún de cuerpo presente.

I DID NOT KISS YOU, DAD

Today almost two after

that memory fills me with sorrow,

maybe my subconscious wanted me to save

the bad feeling of the kiss that I gave

to my grandmother,

her cheeks still flavored marble run through

my bowels

and I did not want that to be my last memory

of your body,

and I opened up my flesh of your hands cold,

my chest open impotence

before the iniquity of death paralyzed me

just I saw that you did not respond,

Where were you and dad, still present body.

EL DOLOR, EL LLANTO Y LA TRISTEZA
DE MI HIJO

por mi supuesto abandono es un daño tan profundo,

que por más que lo abrazo, acaricio y beso

siempre le queda el desamparo en su mirada,

devolver el brillo a sus ojos y la felicidad a su rostro,

es la mayor y mejor razón para sentirme útil

en esta vida que se me escapa.

THE PAIN, CRYING AND SADNESS
OF MY SON

for my alleged abandonment is so deep damage,

that for more than hug, caress and kiss

you always have the helplessness in his eyes,

restore shine to his eyes and happiness

on his face,

It is the biggest and best reason to feel useful

in this life that escapes me.

Francisco Muñoz Soler

LA DENSA CORPOREIDAD
DE MI MEMORIA

THE DENSE CORPOREITY
OF MY MEMORY

2008

CAMINAR PARA SENTIRME VIVO

no andar por andar

sin más sentido que moverme por estar

como objeto inanimado,

dar luz y lugar a mis inquietudes

llenándolas de ético sentido

y desarrollo de amor a mis sentimientos

para que se gratifiquen y perduren,

que el foso de mi intimidad

vea crecer la satisfacción

forjada de valores imperecederos

sustancia de futuras vidas.

WALK TO FEEL MYSELF ALIVE

not walk walk

no more sense to move to be

as inanimate object,

give light and place my concerns

filling them with ethical sense

and development of love for my feelings

so that gratify and endure,

the pit of my privacy

see growing satisfaction

imperishable values forged

substance of future lives.

UN GRAN SABIO ITINERANTE

comentaba en una de sus

innumerables conferencias

"he conocido todos los continentes,

una enorme cantidad de países,

un sinfín de edificaciones ejemplares,

personas de todas las razas,

pero nunca conocí al mundo".

En todos los lugares encontraremos personas

con los mismos sueños, miedos e inquietudes,

con la misma necesidad de paz interior.

A GREAT ROVING SAGE

He commented in one of his countless lectures

"I have known all continents,

a huge number of countries,

endless copies buildings,

people of all races,

but he never knew the world. "

Everywhere we find people

with the same dreams, fears and concerns,

with the same need for inner peace.

PASADO EL TIEMPO

en la distancia

me cuesta entender

cómo la quise tanto…

cuánto alivio

me depara su ausencia.

TIME PAST

In the distance

it's hard for me to understand

how I loved her so much ...

how much relief

I hold his absence.

LA DENSA CORPOREIDAD
DE MI MEMORIA

bulle en el hermoso caldero

donde se cuecen los olores

de mis realidades y sueños,

es tanto su bagaje y la fina línea

entre verdad y ensoñación

es tan imperceptible

que se han mezclado

formando un magma

tan verdadero y lúcido

que no se podrían rescatar

sus sabores y texturas originales.

THE DENSE CORPOREITY OF MY MEMORY

bustles in the beautiful cauldron

where odors are cooked

my realities and dreams,

it is both the background and the fine line

between truth and fantasy

It is so imperceptible

which have been mixed

forming a magma

so true and lucid

which could not rescue

its flavors and original textures.

QUÉ SERÁ DE LA RICA

y sustantiva esencia

de mi acaudalada memoria,

dónde hallaran cobijo

sus magníficos nutrientes

cuando la vasija

que los contiene deje

de vibrar y se reseque.

WHAT BECAME OF THAT RICH

and substantive essence

of my wealthy memory,

where they will find shelter

its magnificent nutrients

when the vessel

that contains leave

vibrating and drying out.

EN UN PERMANECER SIN ESPERAR NADA

suspendido, mayestático

en la habitación de mis quehaceres,

desprendido de los convencionalismos de antaño,

insuflando aliento a la lumbre de mis pasos,

labrando mi tiempo rutinario,

aportando nutrientes a mis

pequeñas distracciones,

protegiéndome de las aristas de mis daños

pero con la luminaria encendida

donde se afirma la esquina

de un posible hecho extraordinario.

REMAIN EXPECTING NOTHING

suspended, magnificent

in the room of my chores,

detached from the conventions of yesteryear,

breath blowing the fire of my steps;

tilling my routine time,

providing nutrients to my little distractions,

protecting me from the edges of my damage

but with lit luminary

where the corner is stated

made of a possible extraordinary.

QUISIERA HALLAR LOS SALMOS
ADECUADOS

para recitarlos como chamán navajo

repetirlos hasta parir los vocablos

que de mi boca saliesen andando

y que formaran una voz propia

genuina, original y mágica

que sus constantes entonaciones

multiplicasen la magia de las palabras

y sobre su riqueza sustentar los pilares

de mi creación literaria:

hallar dispersas esencias

desde el sol de mi radiante España

hasta el imaginario de mi Arizona

cargada de chamanes, sílabas, sabores y palabras.

I WOULD LIKE TO FIND
THE PROPER PSALMS

to recite as a Navajo shaman

to give birth to repeat the words

that of my mouth go aside walk

and to form a voice

genuine, original and magical

their constant intonations

multiply the magic of words

and wealth support pillars

My literary creation:

find scattered essences

from the sunshine of my radiant Spain

to the imagination of my Arizona

full of shamans, syllables, words and flavors.

EN TIEMPOS DE PRODIGIOS

IN TIMES OF PRODIGIES

2008-2014

TIEMPOS DE INTRANSIGENCIAS

V

Imploro a mi Dios

que esas crueles mezquindades

cesen de triturar rosas

cuyo mayor pecado

es ser persona.

Ruego indulgencia prodigiosa.

TIMES OF INTRANSIGENCE

V

I implore my God

those cruel pettiness

stop crushing roses

whose greatest sin

It is being a person.

Prodigious beg indulgence.

LA VERDADERA HISTORIA DE
LA HUMANIDAD

la escriben personas anónimas

con las letras de sus sangres,

sus sacrificios y sus sentimientos,

las mismas que no trascienden

a los libros y enciclopedias

pero son las que van dejando

el marchamo de nuestra evolución

de lo que somos

y en lo que nos vamos transformando.

THE TRUE HISTORY OF MANKIND

the write anonymous

with the letters of her blood,

their sacrifices and their feelings,

the same as not transcend

books and encyclopedias

but they are those that are leaving

the mark of our evolution

what we are

and what we are being transformed.

QUIEN DICE MATAR POR DIOSES E IDEAS,

no cree en ellos ni tiene ideario

sólo le mueve la ambición de su provecho.

WHO SAYS KILLS FOR GODS AND IDEAS,

does not believe in them or have an ideology

they are only moved

by the ambition to their advantage.

GINSBERG LO TENÍA CLARO

Y envían a los jóvenes este mensaje
Despreciad a los pobres y meaos en el liberal
/Jesús
El mensaje es la compasión que causará la caída
/de Wall Street
ALLEN GINSBERG

I

Ginsberg lo tenía claro en casi su lecho de muerte

después de patear las entrañas del monstruo

de oler sus excesos y morder sus vísceras,

sabía donde veía el peligro el devorador de todo

/lo triturable

el insaciable monstruo de fauces ignífugas

incontinente excretor de pobres, fértil guano

para camisas de cuellos duros, floridos y aseados.

No debían tener compasión del abono de perdedores

porque perderían su germinadora sustancia

/ de siembra

y además adelgazarían sus cuentas, soporte

de un camino de seguridad y progreso.

II

Id y meaos en las letrinas donde moran los pobres

esos que tienen lo que se merecen,

/ feos y desgraciados,

asociales vagos, sucios y descreídos, que rezan

a un dios desleal con quienes protegen su reino

en esta tierra de héroes vencedores

/ y patéticos villanos.

Hacedlo y obrad en conciencia porque escrito está

y es deber de buena estirpe defender la palabra

que os es encomendada y vuestros justos privilegios.

GINSBERG HAD IT RIGHT

> And they send this message to young people
> Despise the poor and Medes in the liberal Jesus
> The message is compassion that will cause the fall
> /of Wall Street "
> Allen Ginsberg

I

Ginsberg almost had it right in his deathbed

after kicking the belly of the beast

to smell its excesses and biting her viscera,

He knew where he saw the danger

the devourer of everything crushable

the insatiable maw monster fire retardant

excretory incontinent poor, fertile guano

shirting hard, flowery and neat necks.

They should not have compassion of payment of losers

lose their germinating substance because Sowing

and also slim down their accounts, support

a road safety and progress.

II

Go and Medes in the latrines where dwell the poor

those who have what they deserve,

ugly and unfortunate,

asocial lazy, dirty and disbelievers, who pray

an unfair god who protect his kingdom

victors in this land of heroes and villains pathetic.

Do so and act accordingly because it is written

and it is the duty of good stock defend the word

that is entrusted to you and your just privileges.

REBELARNOS A LOS CÓDIGOS

> Cuando una ley es injusta,
> lo correcto es desobedecer.
> M. GANDHI

Rebelarnos a los códigos que nos dibujan

los poderes,

que programados perpetran expolios a las economías

y justicias del mundo, garantes de progreso injusto,

desobedecerlos hasta deslegitimar sus banderas

con las que disfrazan rostros de codicias sin límites,

hacerlas trizas para hacer saber que existen

paradigmas posibles.

Donde la justicia y el progreso sean un bien unitario.

REBELING AGAINST CODES

> When a law is unjust,
> right it is disobedience.
> M. GANDHI

Rebelling codes that draw us powers,

that perpetrate scheduled plunder to the economies

and to the justice of the world,

guarantors of unjust progress,

disobeying to delegitimize their flags

with faces disguising greed without limits,

You shred them to know that there are possible paradigms.

Where justice and progress are a unitary right.

EN ESTOS TIEMPOS DE PRODIGIOS

aún se levantan fronteras

y brotan cretinos

que aspiran a fabricarlas.

En estos tiempos

todavía la humanidad

no quiere entender

que cada uno de nosotros

trasladamos los únicos limites

que no deben ser traspasados

y si invitamos al prójimo

a instalarse en nuestro espacio

será siempre transitorio.

Somos zona de tránsito

fluyente de intercambios

de ideas, costumbres y emociones.

IN THESE TIMES OF PRODIGIES

borders still rise

and puts forth cretins

who aspire to make them.

In these times

yet humanity

does not understand

that each of us

We moved the only limits

that should not be transferred

and if we install neighbor

to settle in our space

It will always transient.

We are transit zone

flowing exchanges

of ideas, customs and emotions.

HOMOFOBIA

La homofobia es una lacra

que ataca a los cretinos

les produce los mismos efectos

que a los perros la rabia.

HOMOPHOBIA

Homophobia is a scourge

attacking the cretins

they produce the same effects

that dogs rabies.

UNA INSACIABLE INJUSTICIA DEVORA EL MUNDO

> Llegas,
> oquedad devorante de siglos y mundos,
> como una inmensa tumba.
> DÁMASO ALONSO

Una insaciable injustica devora el mundo

en estos tiempos donde prodigios y artilugios

nos llevan a explorar celestes constelaciones.

Ejerce de necesario combustible de un destino cierto

con códigos de barras de éxito

donde los valiosos se levantan

sobre los menesterosos.

No hay lugar para los débiles

en este escenario perfilado hacia el progreso

sólo espacios restringidos para lobos guardianes

que ejercen de cortafuegos y a la vez

alimentan la máquina que genera

el bienestar del derroche y la opulencia

de los menos sobre los todos

bajo un cielo hueco, inmensa oquedad

donde los corderos abonan la certidumbre

del mejor de los mundos posibles,

como cenizas de bosque quemado

quedan millones de sueños

fenecen antes de brotar

en la baldía sombra negra.

Veintiséis mil niños mueren al día por causas evitables.

AN INSATIABLE INJUSTICE DEVOURS
THE WORLD

> You arrive,
> devouring hollowness of centuries and worlds,
> like an immense tomb.
> Dámaso Alonso

An insatiable injustice devours the world

in these times where prodigies and gadgets

They lead us to explore celestial constellations.

Necessary fuel exercised a certain destination

barcoded success

where valuable rise above the poor.

There is no place for wimps

profiled in this scenario to progress

guardians only confined spaces for wolves

firewall and exercising while

feed the machine that generates

welfare squandering and the opulence

the least on all

under a sky hole, huge hollowness

where lambs paid certainty

the best of all possible worlds,

as ashes of burnt forest

are millions of dreams

fenecen before sprouting

in the barren black shadow.

Twenty-six thousand children die each day from preventable causes.

SIENTO AVERSIÓN A LA PUREZA

y sus instrumentos de salvación

a sus profetas y discípulos

a los temores de sus pecados

a sus poderes y caridad

a sus dioses y paraísos.

I DISLIKE PURITY

and its instruments of salvation

His prophets and disciples

fears of their sins

their powers and charity

their gods and paradises.

SER NEUTRAL EN LA OPRESIÓN

es imposible

se es sumiso o rebelde

hay que elegir

la libertad que se pierde

no vuelve

y la dignidad que se humilla

no se recupera.

BEING NEUTRAL IN THE OPPRESSION

it is impossible

he is submissive or rebellious

You have to choose

freedom is lost

not return

and dignity that humbles

not recovered.

LA CLARIDAD ASOMBROSA

THE SURPRISING BRIGHTNESS

2009

PARECE QUE ESTOY SOLO

> Cuando lo mismo sueño que estoy solo,
> tiendo la mano para no ver el vacío.
> GASTÓN BAQUERO

Parece que estoy solo

en eterno soliloquio, lejos, muy lejos

de la gran luz de la isla, en penumbra

hacendosa, constructora de silencios

profundos y huecos como mi vacío

fría trampa que me envuelve

como un pertinaz sueño, con caricias

de encanto que me llevan y me traen

hacia caminos de palmas, fantasmas

de silenciosas ubres que amamantan

el silente rostro de la Nada.

Sí, parece que estoy solo

viviendo en un mundo de tinieblas

disidente de un orden cierto, pero sueño

ya que no me queda ni el silencio

ni la gran luz que provoca las sombras

de los mangos.

A Miladis Hernández, Princesa de Cuba.

I SEEM TO BE ALONE

> When the same dream I'm alone,
> I tend not to see the hand vacuum.
> GASTÓN BAQUERO

It seems I'm alone

in eternal soliloquy, far, far away

the great light of the island in gloom

thrifty, construction of silence

deep vacuum holes as my

cold trap that surrounds me

like a stubborn dream, with caresses

of charm that lead me and bring me

into paths of palms, ghosts

udders silent breastfeeding

the silent face of Nothingness.

Yes, it seems I'm alone

living in a world of darkness

Dissident a certain order, but sleep

since I have no or silence

or the great light that causes shadows

mangoes.

To Miladis Hernandez, Princess of Cuba.

LA ESPLENDOROSA SEÑORA
DEL TRÓPICO

> Paseo por las calles que revientan
> (...) por entre edificios que hay que esquivar
> pues se nos vienen encima.
> REYNALDO   ARENAS

La esplendorosa señora del trópico

se está disolviendo como rumor a oscuras

resignadamente asentada en el mar y el sueño,

regida por el continuo vaivén de las mareas

y especiales diques de corrosivos muros,

flotando con las arterias reventadas

sobre finas láminas moldeadas por Orfeo.

En vértices acuáticos y letargo sostenido

espera destellos de promesas dispersas

que devore miserias y destiempo,

hallar su cielo al son de la esperanza.

THE SPLENDOROUS TROPIC LADY

> Walk through the streets busting
> (...) By between buildings you have to dodge
> then they come upon us.
> REYNALDO ARENAS

The magnificent tropical lady

it is dissolving as rumor dark

meekly seated at sea and sleep,

governed by the continued sway of the tides

and special dams corrosive walls,

floating with the arteries Busted

on thin sheets molded by Orfeo.

In aquatic vertices and lethargy held

expected flashes of scattered promises

devour miseries and late,

find their sky to the sound of hope.

ALAMAR

> Muchas veces en el nuevo Zagreb
> /o en el Este de Berlín
> he tenido la pesadilla de que estaba en Alamar.
> CARLOS A. AGUILERA

En el extremo este de la gran señora del trópico

rodeado de deslumbrantes tesoros naturales

se halla un laberíntico e inhóspito crisol,

entre roquedales, espumas y brisas de aromas

y un perfumando e intenso verde enamorado,

Alamar resplandor de espejos quebrados

de arterias de mares sin sirenas,

erial de asombros de perfiles girados

germen de mixtura autóctona de estrellas,

árido escenario de alumbramiento poético.

ALAMAR

> Many times in the new Zagreb or in East Berlin
> I had the nightmare that was in Alamar.
> CARLOS A. AGUILERA

At the east end of the great lady of the tropics

surrounded by stunning natural treasures

a labyrinthine and inhospitable pot is,

between rocky areas, foams and breezes

of aromas

and perfuming and intense love green,

Alamar glow of broken mirrors

of arteries seas without sirens,

Rotated wasteland of amazements profiles

native seed mix of stars,

arid scenery of poetic delivery.

INMENSA TRISTEZA

Algo es seguro, volverás y seguiremos aquí.

El hueco de inmensa tristeza de orfandad,

la certeza de sus dolores y miserias

más arraigada aún en sus espíritus,

aquella que succiona deseo y palabras,

sus ansias de dejar de ser mercancía

y balas de ideas de iluminados de la historia,

de no seguir mirando la cola de viajeros

como un sueño de hadas donde no quepan

sus sueños,

de dejar de activo en la cuenta de intenciones

de unos pocos inalterados soñadores,

ser simplemente personas y ciudadanos

del mundo.

Como lluvia de la tarde, breve e intensa

es la ilusión de esas personas,

el mate de sus ojos delata su dolor.

TREMENDOUS SADNESS

One thing is certain, come back and continue here.

The gap of immense sadness of orphans,

the certainty of their pain and misery

even more rooted in their spirits,

and sucking desire that words,

their desire to stop being merchandise

and bullets of ideas of enlightened history,

not keep looking tail rating

like a dream tale where not fit your dreams,

to stop active on the account of intent

a few dreamers unchanged,

be just people and citizens of the world.

As afternoon rain, brief and intense

It is the illusion of those people,

the mate of her eyes betrays his pain.

COCHAMBRE

En las entrañas de Centro Habana

un monstruo repta y secciona

la ética y los principios de moral,

afilados colmillos y ferocidad sin límites

engullen personas por unos cuantos pesos

en una atmósfera donde la hipocresía,

el cinismo, es moneda de cambio corriente,

sólo sirve resolver de cualquier modo,

por unos miserables dólares

es cotidiano ver sucumbir el asombro,

en esa circular hidra de podredumbre espiritual

que auto mutila el anhelo de superación

sólo importa la penumbra del hoy no la luz del mañana,

si acaso queda un trasluz de dignidad

porque hasta eso parece se ha zampado

la instalada y nauseabunda cochambre

que repta por las entrañas de Centro Habana.

JUNK

In the bowels of Centro Habana

one monster slithers and transected

ethics and moral principles,

sharp fangs and boundless ferocity

Gobble people for a few pesos

in an atmosphere where hypocrisy,

cynicism is common currency change

It serves only to solve in any way,

for a few miserable dollars

is succumbing daily to see the wonder,

in this circular hydra spiritual rot

that self mutilates the desire to excel

it only matters the dim light today not tomorrow,

if anything is still a dignity reflected light

because it seems to have been gobbled

installed and nauseating junk

crawling through the bowels of Central Havana.

ELEGIR, SIMPLEMENTE ELEGIR

su modo de vida

sin la drástica y violenta

imposición de las ideas

de inalterados iluminados

por los destellos de sus armas,

no llevar la impotencia

aprendida impresa en el áurea,

rico magma de depresión

deformador de inherente carácter

causa de infelicidad del hombre,

elegir, elegir lo esencial

para sentirse libre.

CHOOSE, JUST CHOOSE

their way of life

without drastic and violent

imposition of ideas

Unaltered illuminated

by flashes of their weapons,

not take impotence

learned, printed in golden

rich magma of depression

deformador inherent character

cause of unhappiness of man,

choose, choose essentials

to feel free.

EL SABOR DEL ARTE

Poder captar el sabor del arte

su magia, su emoción,

su innata sensualidad y elegancia,

dar cuerpo en forma de palabras

a esas notas que suben y bajan

hasta la profundidad de mi alma,

dejarme llevar por el compás

que emana de la poética de los artistas

que trasladan sus raíces

hasta los paladares hundidos

en los intrincados vericuetos

donde los sonidos se transforman

en fantasiosas figuras

y disfrutar de los ricos sabores

que ellas desprenden,

sentir la armonía, sentirla

con la mixtura mágica

que sólo da el sabor del arte.

A Bebo, Cachao, Patato y Paquito.

THE TASTE OF ART

To capture the flavor of art

its magic, its emotion,

her innate sensuality and elegance,

fleshing in words

those notes that rise and fall

to the depth of my soul,

get carried away by the beat

emanating from the poetics of the artists

moving their roots

until sunken palate

in the intricate byways

where sounds are transformed

in fanciful figures

and enjoy the rich flavors

they emerge,

feel the harmony, feel

with the magic mix

it only gives the taste of art.

to Bebo, Cachao, Patato and Paquito.

RESTAURACIÓN

RESTORATION

2009

LLEGAR A ESE PUNTO DIFUSO

> Los dioses saben lo venidero, los
> hombres lo acontecido,
> y los sabios lo que se cierne.
> FILOSTRATO

Llegar a ese punto difuso donde poder

tomar distancia sobre uno mismo

observando al sustentador incardinado

transitando encrucijada de meandros.

Ser receptor de las vibraciones de lo que se cierne.

Recibir el misterioso zumbido y trasladarlo

al depositario de mi inherente legado

para que cuide mis emociones y pasos

eligiendo el curso conveniente

para el devenir de mis futuros años.

Que al dejar mi incorpóreo estado

ya surcando el pretendido camino

la despensa de mi galera se colme

de los más nutritivos conocimientos

afluentes de gozo y tersura para mi espíritu.

En esos parajes de acontecimientos

hallar lo hermoso, lo noble, lo magnífico,

saborearlo sin premura, tomándome mi tiempo,

y al llegar a puerto se elevasen las riquezas

que mi alma ansía sobre los silos de Ítaca.

GET TO THAT DIFFUSE POINT

> The gods know the future, men what happened,
> and sages looming..
> Filostrato

Getting to that point where they can diffuse

take away about yourself

watching the incardinate sustainer

passing crossroads of meanders.

Recipient receiving the vibrations of what looms.

Receive mysterious hum and move

the depositary of my inherent legacy

to take care of my emotions and steps

choosing the appropriate course

for the future of my future years.

That leaving my disembodied state

and plying the intended path

pantry fill my galley

knowledge of the most nutritious

tributaries of joy and smoothness for my spirit.

In those places of events

find the beautiful, noble, grand,

savor without haste, taking my time,

and upon reaching port riches would raise up

that my soul yearns over the silos of Ithaca.

EN MIS DÍAS SIN VUELO ATORNILLADO
A LA TIERRA

fijo la vista y en ella se me perfila

el contorno de la figura de mi amada,

cierta, tierna, hermosa, corpórea

así se muestra en el amplio mundo de mis retinas

y en ese espacio límpido sin fronteras

nos confiamos nuestras secretas ilusiones

acariciándonos las imaginadas curvaturas

proyectando sueños sobre inabarcables campos

agarrados a la tierra por un ancla ligera

sin la aridez y la impostura de los días reglados

por la incesante acumulación de pérdidas.

IN MY DAYS WITH NO FLIGHT SCREWED
TO THE EARTH

Fixed sight and it is shaping me

the outline of the figure of my beloved,

true, tender, beautiful, corporeal

and it is shown in the wide world of my retinas

and in that limpid space without borders

we trust our secret dreams

caressing the imagined curvatures

projecting dreams of boundless fields

clinging to the ground by a light anchor

without aridity and imposture of the

regulated days

by the endless accumulation of losses.

CRACK

> Yo, poeta sin brazos, perdido
> entre la multitud que vomita.
> FEDERICO GARCÍA LORCA

I-ESPECTRAL DANZA DE INCLEMENTES CUELLOS BLANCOS

> El mascarón bailará entre
> columnas de sangre y números
> entre huracanes de oro y gemidos
> de obreros parados.
> FEDERICO GARCÍA LORCA

Espectral danza de inclementes cuellos blancos

sobre sufridos huesos en red,

en bajeles de auríferas bodegas

que sobre turbias aguas sin fondo navegan.

Centuria sin aprendizaje, ni respuestas

a las columnas de menesterosas sangres

viscoso lubricante de sedientas codicias,

insaciables de festines de caudales

donde desembocan todas las arterias.

Bajo la malla de calcio donde danzan

los bebedores de inocentes lágrimas

brotan brazos de sombras,

sepias de envolventes tentáculos

y tinta cegadora de niños pobres.

Laberinto de tumultuosa caída sin fondo

de relojes sin manecillas, ni norte,

incesable despeñadero de orbitas

claras de ojos con que montan merengues

los danzantes de pies de plata.

Circulan millones de ciegas hormigas,

obreras aspirantes de un mundo celestial

de inalterable fe y obediencia debida,

gemidoras sin consuelo de los detalles

que configuran huracanes de colmillos de oro.

CRACK

> I, armless poet, lost
> spewing out from the crowd.
> Federico Garcia Lorca

I-SPECTRAL DANCE OF THE MERCILESS WHITE COLLARS

> The mask dance between columns of blood and numbers
> between hurricanes of gold and groans of
> /unemployed workers.
> Federico Garcia Lorca

Ghostly dance unforgiving white collars

on bones suffered network,

in vessels of gold wineries

that over bottomless navigate murky waters.

Centuria no learning, no answers

the columns of needy bloods

viscous lubricant thirsting desires,

Insatiable flow of feasts

where all the arteries flow.

Under the mesh calcium where they dance

innocent drinkers tears

sprout arms shadows,

cuttlefish tentacles enveloping

and blinding ink poor children.

Maze tumultuous fall bottomless

watches without hands, or north,

ceaseless cliff orbits

eyes whites riding meringues

the dancing feet of silver.

Circulating million blind ants,

worker applicants a celestial world

unalterable faith and due obedience,

inconsolably mourners of details

fang hurricanes that make up gold.

LA AURORA

> La aurora llega y la noche la recibe en su boca
> porque allí no hay respuesta ni esperanza /posible.
> FEDERICO GARCÍA LORCA

II- AURORA EN LA DESEMBOCADURA DEL RÍO HUDSON

Hay auroras que surgen en la claridad más terrible

en alba engañada por artificiales luces

enjambres de cemento de teñidos cielos.

Reino de leyes, prisas y cotidianos llantos de angustias

donde los números caminan en silencio

devorando familias en fríos cuencos de cieno.

Hudson que desembocas sin esperanza posible

para los veintiséis mil niños que mueren cada día

acoge la verdadera luz de la espiga.

THE AURORA

> The dawn comes and the evening gets in your mouth
> because there is no answer or hope possible.
>   Federico García Lorca

II- AURORA IN THE MOUTH
OF HUDSON RIVER

There auroras that arise in the most terrible clarity

alba deceived by artificial lights

Swarms stained cement skies.

Kingdom of laws, everyday rush and cries

of anguish

where the numbers walk quietly

devouring families in cold bowls mire.

Hudson, you end without any possible hope

for the twenty-six thousand children

that die every day

welcome the true light of the spike.

EN ESTOS PÉRFIDOS TIEMPOS

> "¡Al poeta despídanlo!
> No entra en el juego
> se pasa el día cavilando
> HEBERTO PADILLA

En estos pérfidos tiempos de artificios

a velocidad de un vértigo que nos desgaja

nos rebanan la capacidad crítica

con descargas de cortante densidad

adecuados impactos que se sobreponen

a las respuestas de nuestras ansías

de conocer, de objetar, de interpretar

la música de los sentidos de las palabras.

En ese espectral escenarios sin sueños

no hay espacio para el improbable juego

de reflexionar sobre las artimañas

que producen los números de animación

que ficticiamente cobran añadidas virtudes

en bellos paneles de asépticos ejercicios

que opacan la sangre fértilmente derramada

de insignificantes y justos perdedores.

En estos tiempos difíciles sin alma

no hay hueco en los anaqueles para pusilánimes,

para la cavilación de pausados insensatos

siempre intentando hallar el significado,

la esencia, en vez de aceptar el juego

que marca la inexorable y pétrea inercia

sólida base del perfecto mundo -plano-

donde tanto molestan las aristas de los poetas.

IN THESE PERFIDIOUS TIMES

> Fire the poet!
> Does not enter the game
> It spends the day ruminating
> Heberto Padilla

In these treacherous times artifices

a breakneck speed that we hinds

We slice the critical capacity

with shear density downloads

Suitable overlapping impacts

responses to our desire

to know, to object, to interpret

the music of the senses of the words.

In this spectral scenarios dreamless

no room for the improbable game

to reflect on the wiles

producing animation numbers

fictitiously added that charge virtues

in aseptic panels exercises beautiful

which outshine blood spilled fruitfully

insignificant and fair losers.

In these difficult times soulless

there is no room on the shelves for the fainthearted,

for unhurried rumination of fools

always trying to find the meaning,

the essence, instead of accepting the game

which marks the inexorable and stony inertia

plain- solid foundation perfect world

where both bother the edges of poets.

A VECES CUANDO VOLVEMOS

de tu terapia por la larga avenida

tengo el cariñoso impulso

de dejar que te adelantes

y tomar unos pasos de perspectiva,

para mirarte detenidamente

sentir como creces

cómo vas ganando autonomía

y se acrecienta tu natural hermosura.

SOMETIMES WHEN WE RETURN

your therapy for the long avenue

I have the loving impulse

to let get ahead

and take steps in perspective,

to watch you carefully

feel far

as you're winning autonomy

and your natural beauty is enhanced.

LA LENTA HUIDA DE LAS HORAS

> Huye sin percibirse, lento el día,
> y la hora secreta y recatada
> con silencio se acerca.
> FRANCISCO DE QUEVEDO

I

En entrañable escenario de urbano desierto

retirado en la paz que de su claridad fluye,

a través de sus profundas ventanas,

mi música callada y mis argumentos,

intento llenar de dicha mi ánima, fortalecerla

con baños de contemplación y ricos recuerdos

aderezados con bellos y canoros ritmos,

intenso soñar de vibrantes y enfebrecidas olas

"que mejora la lenta huida de las horas"

II

Alimento engañado para orugas en silencio

germino en fugaces días, aunque no me lo creo

a pesar que saludo a la parca en confianza

nos conocimos en puntuales y amargos encuentros,

pero ha ido aminorando la distancia

conforme le crece su capa de mortaja

"que barnizará con el sedimento de mi limo"

III

Vencer ese temor de miserias y espantos

ese espacio tenebroso de desconocidas

ascuas infinitas

que nutrimos al dictado que todo lo iguala,

cuando me enfrente le diré, serás mi consuelo

llévame a tu mar de continuas pérdidas

allí encontraré sustento, la gracia

"que elevará mi ánima con pies de barro"

Francisco Muñoz Soler

THE SLOW FLIGHT HOURS

> Flee not perceived, slow day,
> and the secret and demure time
> with silence he is coming.
> Francisco de Quevedo

I

Endearing scene of urban desert

retired in peace that flows clarity,

through its deep windows,

my silent music and my arguments,

try to fill my soul said, strengthen

baths contemplation and rich memories

adorned with beautiful and melodious rhythms,

intense and fevered dream of vibrant waves

"That improves slow flight hours"

II

Food tricked caterpillars silent

germinated in fleeting days, although

I do not think so

although I welcome the reaper in confidence

we met in timely and bitter encounters,

but it has been slowing the distance

as he grows his cloak mortise

"that will varnish with the sediment of my slime"

III

Overcome that fear of misery and frights

that dark unknown endless space tenterhooks

we nurture the dictates everything matches,

when I face I'll tell you, you will be my comfort

Take me to your sea of continuing losses

there I will find sustenance, grace

"I will raise my soul with feet of clay"

LA VOZ DEL PENSAMIENTO

THE VOICE OF THOUGHT

2010

SÉ AÚN EL ESTÍMULO

> Sé aún el estímulo que extendiéndose
> por esta tierra abotargada, la alce.
> JOHN   KEATS

En este mundo tan sutilmente entumecido

donde las meninges claman copiosos

los consumismos

y las materias blancas y grises

acomodadas en parsimonia y languidez desisten

de nutrirse de ricas bellezas que franquean

los canales de aberturas de las sensaciones

de deleites,

esos que catalizan deseos y pensamientos

incipientes o plenos de esenciales iniciativas,

esas que nos distingue en el reino animal

de seres simples, diestramente amaestrados.

En esta tierra sistemáticamente adormecida

es necesario el irreverente estímulo

que nos alce del adocenamiento: la poesía.

BE STILL THE STIMULUS

It is even extending the stimulus
by this bloated land, the moose.
JOHN KEATS

In this world so subtly numbed

Copious where the meninges claim consumisms

and white and gray matters

accomodated in parsimony and desist languor

to draw on rich beauties which flank

the channel openings with sensations of pleasure,

They catalyze desires and thoughts

incipient or full of essential initiatives,

those that distinguishes us in the animal kingdom

simple beings, deftly trained.

In this land systematically numbed

irreverent necessary stimulus

that moose us from mediocrity: poetry.

HALLAR ARDUOS ANTROPÓLOGOS DE EMOCIONES

> Me conmueven las menudas sabidurías
> que en todo fallecimiento se muere.
> JORGE LUIS BORGES

Hallar arduos antropólogos de emociones

de las sensaciones vividas, capaces de rescatar

las diminutas esencias que aún bullen

en insospechadas frecuencias, rozándose con las texturas

de nuestros finitos cuerpos, sumergiéndose

en los interiores laberintos de nuestras entrañas

de avezadas incógnitas, de un dial aún no hallado.

¿En qué magnífico mar vierte el río

de la vida las sintonías

de conocimientos, afectos y sonoros pensamientos,

las imágenes captadas por pretéritos ojos,

la mágica energía transmisora de endémica vida,

qué magma recibe esas esencias cuando

el ser fallece?.

Quizás no volverán esas íntimas y esenciales sabidurías

porque los recuerdos están mezclados con los sueños,

y todos llevamos una Alejandría dentro.

FINDING ARDUOUS ANTROPOLOGISTS
OF EMOTIONS

> I am touched by the thin wisdoms
> that any death you die.
> JORGE LUIS BORGES

Find arduous anthropologists emotions

of the sensations experienced, able to rescue

yet the tiny essences boil

in unexpected frequencies, rubbing with textures

our finite bodies, submerging

in the inner labyrinths of our guts

of seasoned unknowns, a dial not yet found.

What magnificent sea pours river of life attunements

knowledge, emotions and thoughts sound,

the images captured by past eyes,

transmitting the magical power of endemic life,

magma which receives these essences when one dies?

Maybe they will not return those intimate and essential wisdoms

because memories are mixed with dreams,

and all carry a Alexandria inside.

SENDA DE VIDA

> Y, como se conoce,
> en suerte y pensamiento se mejora.
> FRAY LUIS DE LEÓN

I

Con constante humildad

en concertada paz

hacia el ánimo tranquilo

alejado de riquezas

e infaustos honores

en mejorado solaz

sentir reconocerme

tras luengo error,

cambió mi suerte

y mi pensamiento mejora

II

Intentando esclarecer

mis constantes dudas

sobre el alma inmortal

y su original cósmica,

cultivo lo racional

ante el venidero atardecer

sustentado en la fortuna

de la estoica firmeza

y la sabia sencillez

nutriendo mi pensamiento.

PATH OF LIFE

> And, as known,
> in luck and thinking it is improved.
> Fray Luis de Leon

I

With constant humility

in concerted peace

to the quiet mood

away wealth

and inauspicious honors

in improved comfort

feel recognize

luengo after mistake,

my luck changed

and my thoughts improvement

II

trying to clarify

my constant doubts

on the immortal soul

and its original cosmic,

rational culture

before the coming sunset

supported in fortune

the stoic firmness

and the wise simplicity

I nourish my thinking.

SI DESCUBRIÉRAMOS LA VERDAD

de lo que realmente somos,

se plegarían tierra y cielo.

Y entones qué sería

de nosotros en esta turbación

donde se mata por Dios.

Seríamos libres o indefensos,

gozaríamos de sosiego y la luz

o penaríamos la oscuridad,

mientras tanto, gocemos en la duda.

IF WE DISCOVERED THE TRUTH

of what we really are,

earth and sky would be folded.

And what would intone

of us in this troubled

where he is killed by God.

We would be free or helpless,

We would enjoy tranquility and light

or feel the threnody of darkness,

meanwhile, we enjoy in doubt.

VIVAMOS, VIVAMOS DE VERDAD

Es un tópico decir que vivir es un sueño,

un leve sueño que flota en nuestra memoria,

pero es que acaso no es así, nuestros recuerdos

fluyen livianos y difusos en volátil nebulosa

tamizados por ese tiempo que dicen lo cura todo

y lo que hace es alejar los huecos del dolor.

Resignada perspectiva dan los años, repletos de ausencias

que fueron un día raigambre de nosotros

de lo mejor y lo peor, de lo que nos rodeó y fuimos,

conservando la ilusión para que no nos devore el presente

y desembarcar en ese sin fin de orillas

de vorágines redentoras llamada Eternidad.

En esa sucesión qué será de nuestro ser incógnito,

hermosa duda, no sabemos qué somos y queremos saber

que seremos y cómo estaremos, hermosa e ineluctable,

pero mientras aquí estemos, vivamos, vivamos de verdad.

LET'S LIVE, LET'S LIVE TRULY

It is a truism that life is a dream,

a slight dream floating in our memory,

but is it perhaps not, our memories

flow diffuse light and volatile nebula

screened by that time heals all wounds they say

and what it does is to remove the gaps pain.

Resigned perspective give the years, full of absences

which belonged one day to our roots

the best and the worst, of what surrounded us

and went,

preserving the illusion that not devour us this

and disembark at the endless shores

of redemptive vortices called Eternity.

In this sequence which will be our incognito,

beautiful doubt, we do not know what we are and we want to know

we will be and how we, beautiful and ineluctable,

but while here we are, we live, really live.

TRÍPTICO DE SINGLADURA

II

Siento dolor al recordar cómo me besaba,
ya arteramente pensando en abandonarme.
PAPIRO GRENFELL

Siento implacable dolor en lo profundo de mi seno

cuando observo bondadosos destellos fulgiendo

en los hermosos párpados

del hijo más inocente, entrañable y bueno,

entonces recuerdo

como arteros labios untaban pasión de arco dorado

en mis entrañas y mis sueños, mientras preparaban

borrascosa tormenta de arena en el cielo de mis días.

TRIPTYCH OF THE SAILING

II

I feel pain when remembering how he kissed me,
and artfully I am thinking of leaving me.
PAPIRO GRENFELL

Unrelenting pain I feel deep in my heart

when I look kind flashes glowing

in the beautiful eyelids

the most innocent, endearing and good son,

then I remember

as wily lips smeared passion golden bow

in my gut and my dreams, while preparing

gusty sandstorm in the sky of my days.

CERTEZA

A mis hijos se le murieron los abuelos,

a uno no lo conoció, al otro casi por fotos,

ha asimilado que los abuelos se mueren

y da por bueno y lógico que moriré

cuando sea abuelo,

en su seguridad le pregunto, mirándole a los ojos,

tendrás hijos, por supuesto, me dice convencido.

Y seguimos en lo nuestro, en lo incierto.

CERTAINTY

My kids grandparents he died,

one did not know him, the other almost photos,

has assimilated grandparents die

and it gives as good and logical that I'll die

when I become grandfather,

their safety asked, looking into his eyes,

have children, of course, he tells me convinced.

And we stay in ours, in the uncertain.

CREER EN LA DIVISIBLE UNIDAD
DE NOSOTROS

> Pero los teólogos afirman que en la sombra ulterior
> del otro reino estaré yo, esperándome.
> JORGE LUIS BORGES

Creer en la divisible unidad de nosotros

sin que perdamos nuestra integridad e identidad,

a pesar de perder nuestro soporte físico

teniendo conciencia de nuestra actual

dependencia del mismo,

cómo seremos desligados de fragilidad física,

qué será de la voz del pensamiento

y dónde sentiremos el eco,

cómo nos comunicaremos y con quién o quienes

cuando nos adentremos en la inabarcable sombra

y nos encontremos esperándonos.

BELIEVING IN THE DIVISIBLE UNIT OF US

> But theologians say that in the subsequent shadow
> the other realm I will be waiting for me.
> JORGE LUIS BORGES

Divisible believe in the unity of us

without losing our integrity and identity,

despite losing our hardware

being aware of our current dependence thereof,

how we will be detached from physical frailty,

What will be the voice of thought

and where we feel the echo,

how we communicate and with whom or who

when we get into the shade unreachable shadow

and we discover ourselves waiting each other.

TEMOR Y ESPERANZA

El que nace de madre tiene miedo
de perderse en la ajena inmensidad.
ALFONSO CANALES

Siento terror ante la muerte

lo admito, al terrible aniquilamiento,

mas la naturalidad con la que se fueron

mis seres queridos me da calma,

además sé que no he sufrido

antes de nacer, que el caos

será descansar en la nada

en un no estar en mí mismo

ya transformado en otras energías,

germen de dispares luces o sombras.

Mientras me aferro a mi voz sensorial

que me hace sentir inmortal,

y a mi Dios, y a Virgen, plenitud de esperanza.

FEAR AND HOPE

> The mother is born of fear
> lost in the immensity of others.
> ALFONSO CANALES

I feel terror of death

I admit, the terrible destruction,

but the ease with which they went

my loved ones gives me calm,

I also know that I have not been

before birth, chaos

will rest in nothing

in not being myself

and transformed into other energies,

disparate germ lights or shadows.

While I cling to my sensory voice

that makes me feel immortal,

and to my God and Virgin, full of hope.

ÍCARO

ICARUS

2011

CÓMO PIEDRAS MÓVILES edificadoras

de muros invisibles

mis emociones construyen un cerco que consolidan

las centrífuga tristezas que absorben

mis pensamientos,

transitándolos por angostas veredas

de mi endurecido corazón

transido por inminente ausencia

e ilusiones sin fundamentos,

de soñar despierto.

LIKE MOBILE STONES edifying of invisible walls

my emotions build a fence that consolidate

the centrifugal sadness that absorb my thoughts,

transited by narrow sidewalks of my hardened heart

transfixed by impending absence

and illusions unfounded,

of daydreaming.

QUÉ EXTRAÑEZAS TIENE EL AMOR,

el desvelo de mi ausente amada

su manifiesto desconsuelo es aldabonazo

que estría el asombro de mi desolado corazón,

deshabitado de ternura.

THE ODDITIES THAT LOVE HAS,

the sleepless nights of my absent beloved

its manifest grief is a knocker sound

fluting the astonishment of my desolate heart,

uninhabited of tenderness.

VUELVO A LA MEMORIA DE TU CUERPO

> Vuelvo a la memoria de tu cuerpo.
> OCTAVIO   PAZ

Mi paz cruelmente desatada

por tormentos desmedidos,

arrebatos de dolor

de sílabas muertas,

vuelvo a la imagen

de tu bello cuerpo

al placer en tus ojos

y mi satisfacción

en tus senos, hermosos

y generosos, como un cielo

de savias de vida,

vuelvo a tus ojos, a tus caderas,

a tu sonrosado espacio

donde astros fluían

en el paladar de mi dicha.

Arcos de asombros florecen

cuando regresas hermosa

a mi memoria,

deshabitada de sonrisa.

I RETURN TO THE MEMORY OF YOUR BODY

I return to the memory of your body.
OCTAVIO PAZ

My cruelly unleashed peace

by unconscionable tortures,

outbursts of pain

dead syllables,

back to the image

your beautiful body

the pleasure in your eyes

and my satisfaction

in your breasts, beautiful

and generous, like a sky

of saps life,

back to your eyes, your hips,

your ruddy space

where stars were flowing

on the palate of my happiness.

Arcos de amazements bloom

when you return beautiful

my memory,

uninhabited of smile.

ESE PROFUNDO HUECO en el espacio

que habitabas

dureza de los contornos de doloroso vacío,

ingrávida pesadez onírica sostiene mis fibras,

alimentando mis esencias de infundadas expectativas

y mientras me alejaba como una sonda

tu ausencia me perseguía.

THAT DEEP GAP in the space you inhabited

hardness of the contours of painful vacuum,

dreamlike weightless heaviness holds my fibers,

feeding my essences unfounded expectations

and as I walked away as a probe chasing me your
absence.

HAZ QUE SALGAN

de mi pecho

las sílabas,

las que pronuncien

tu nombre,

las que te digan

te quiero, hazlo

antes de que me ahogue

en mis silencios.

MAKE THEM LEAVE

my chest

syllables,

the ones that utter

your name,

they tell you

I love you, do

before I drown

in my silence.

UNA ENORME HIDRA

devora mi ánimo,

con dentelladas de anhelos

intento combatirla,

con sensatez de enamorado

que reflexiona su suerte

y cree que la retirada es victoria,

pero sólo sentidos esfuerzos

evitan que lágrimas

humedezcan mis mejillas.

A HUGE HYDRA

devours my mind,

with teeth of yearnings

I try to fight it,

sensibly of love

pondering his fate

and he believes that the withdrawal is victory,

but only senses efforts

prevent tears

wetting my cheeks.

DURO ES ERRAR POR AMOR

> Que los yerros por amores
> dignos son de perdonar.
> (Romance del Conde Claros)

Duro es errar por amor

pero más duro es errar

por no haberlo intentado,

duro es errar por soñar

pero más duro es

no haberlo soñado,

si se ha de perdonar

es a un enamorado.

IT IS HARD TO ERR FOR LOVE

> That mistakes for love
> They are worthy of forgiveness.
> (Romance of Count Claros)

Tough love is to err on

but the harder it is to err

for not having tried,

hard it is to err on dreaming

but the harder it is

not having dreamed,

if you have to forgive

He is a lover.

CORPÓREA SONORIDAD DE SILENCIO

anegada por mis lágrimas

y tu mirada

anunciadora de un hueco

tan presente e invisible

como la desnudez de mis anhelos,

esos que crepitan

en la inexistencia de los secretos

que nunca

nos tendremos.

CORPOREAL LOUDNESS OF SILENCE

flooded by my tears

and your eyes

harbinger of a hollow

so present and invisible

as the nakedness of my desires,

those that crackle

in the absence of secrets

never

we will have.

ALMA ENTRE ALMAS

SOULS AMONG SOULS

2012

LA VIDA ME HA SATURADO

de sinrazones

y a quienes me han colmado

de cariños desinteresados

la vida amenaza

con apartarlos de mí,

la guadaña y la distancia

acechan,

mientras distraigo mi ánimo

en apasionantes sueños

para no caer

en el desamparo.

LIFE HAS SATURATED ME

of unreason

and those who have filled me

of disinterested affection

life threatening

with them away from me,

scythe and distance

lurk,

while I distract my mind

in exciting dreams

to not fall

in distress.

EVOLUCIÓN COGNITIVA

Afirman los físicos cuánticos

que un mismo átomo

puede estar en dos puntos distintos

al mismo tiempo

que la constante es la incertidumbre,

quizás algún día descubran

en qué estadio electromagnético

pacen nuestras ánimas

cuando se desprenden de nuestros cuerpos.

COGNITIVE EVOLUTION

Quantum physicists say

a same atom

You may be at two different points

at the same time

that the constant is uncertainty,

maybe someday they discover

in which electromagnetic stadium

graze our souls

when they detached from our bodies.

RAÍCES ESENCIALES

Sólo me hallo en sus caricias,

en sus miradas inocentes

donde la felicidad es dar

cariño a quien quiere.

ESSENTIAL ROOTS

I just am in his touch,

in their innocent eyes

where happiness is to

who wants affection.

TEMOR DE NACIDO DE MADRE

nos acompaña en este espacio

interrelación de realidades y sueños,

de deseos reprimidos por jaula y martillo,

cuadriculados por fracciones al uso,

un tic tac que nos recorre

hurgando sangres y mundos,

encauzados por amnióticos recuerdos

desde antes de abrir los ojos,

lubricamos la aridez de nuestras razones,

edificamos sobre la sinrazón del silencio de dios,

en ese tiempo que tenemos nos instamos

para saber qué somos, qué seremos,

cuando pasemos al espacio sin fin.

FEAR OF INFANT OF A MOTHER

accompanies us in this space

interrelation of reality and dreams,

repressed wish and hammer cage,

grids for use fractions,

a tic tac walking us

rummaging bloods and worlds,

channeled by amniotic memories

before opening your eyes,

We lubricate the aridity of our reasons,

unreason build upon the silence of God,

in that time we have we urge

to know what we are, what we will be,

when we pass endless space.

BUSCAMOS SIN CESAR EL ESPACIO

donde hallar a Dios

antes de convertirnos en cenizas

de los campos de su nada.

WE ARE FOREVER SEARCHING THE SPACE

where to find God

before becoming ashes

of the fields of his nothingness.

VIAJAR HACIA LA HONDURA

de uno mismo,

a la pausa de nosotros,

buscando la simetría

de nuestra calma,

a ese estadio

donde las ánimas

se expanden en gracia

hacia el latido íntimo.

TRAVELING TO THE DEPTH

self,

to break us,

looking symmetry

our calm,

that stage

where the souls

They expand in grace

to the intimate heartbeat.

CÓMO SIENTE EL ALMA A SU PERSONA
(ALZHEIMER)

Cómo siente el alma a su persona cuando ha perdido
la consciencia de sí misma

deambulando en una nada sin forma, sin espacio.

Cómo padece esa herida por donde escapa la esencia
de la identidad

esa que todos los conscientes anhelamos mantener
en otra vida.

Cómo es posible recuperar la voz en otra dimensión
si la perdemos en ésta,

acaso en ese tránsito se refugia anticipadamente
en el alma

para cruzar arropada la frecuencia.

Cómo siente el alma a su persona,
si es que tiene distancia.

HOW DOES THE SOUL FEEL THE PERSON (ALZHEIMER)

How to feel the soul to him when he has lost
consciousness itself

wandering around in a shapeless
nothing without space.

How suffers escapes the wound where the essence of
identity

aware that all yearn keep afterlife.

How is it possible to recover the voice in another
dimension if we lose it,

perhaps in this transition takes refuge early
 in the soul

to cross wrapped frequency.

How to feel the soul to his person,
if you have distance.

CÓMO ME DESPEDIRÉ DE MÍ MISMO

si no me estaré esperando

cuando se extinga mi aliento

y mi espíritu no sea soporte

de lo que entiendo como vida.

Si es parte indisoluble

y no alcanzo esa deseada frecuencia

donde deseo que mis vitales cognitivas

me den consciencia de existir.

Cómo me despediré de mí mismo.

HOW WILL I SAY GOODBYE TO MYSELF

if I will not be waiting for me

when my breath is extinguished

and my spirit not support

from what I understand as life.

If indissoluble part

and I cannot reach the desired frequency

where I want my cognitive vital

I give consciousness to exist.

How I will I say goodbye to myself.

ESENCIAS

ESSENCES

2012

SIEMPRE me ha gustado correr

junto al mar

percibiendo su húmedo aliento

admitiéndolo como protagonista

de un viaje intransferible

donde a cada metro

vencido por mi íntimo esfuerzo

derribase pruebas intangibles,

envuelto en su incorpóreo sonido

siempre me ha gustado correr

absorbiendo el ritmo de su oleaje.

I HAVE ALWAYS liked running

by the sea

perceiving its moist breath

admitting protagonist

a nontransferable trip

where every meter

defeated by my personal effort

demolished intangible tests,

wrapped in his incorporeal sound

I always liked running

absorbing the rhythm of its waves.

SU INESPERADA LLAMADA

exultante de alegría

arranca mi vacío

y germina esperanzas

de que en sus sombras

crezca el mediodía.

HER UNEXPECTED CALL

overjoyed

start my empty

and germinates hopes

that in their shadows

grow noon.

HE LLAMADO AL VIENTO

> "He llamado al viento
> le confié mi deseo de ser".
> ALEJANDRA PIZARNIK

Una acechanza

amenaza mis días,

una negación

ciega mis impulsos,

mi sangre

se deseca tras las sombras

de una inercia

que estrangula mis deseos,

hiedra de vacua rutina,

para combatirla

he llamado al viento.

I HAVE CALLED THE WIND

> "I called the wind
> I confided it my desire to be.
> Alejandra Pizarnik

a stalking

threatens my days,

a denial

blinds my impulses,

my blood

It is dried behind the shadows

of inertia

strangling my wishes,

Ivy vacuous routine,

to combat

I called the wind.

DESNUDOS, ESCARNECIDOS

> En el momento de morir
> sólo te llevas lo que has dado.
> WILLIAM BLAKE

Desnudos, escarnecidos

por los egos

traspasan la sombra

huérfanos de compasión

flacos de amor

turbados de indiferencia

vacíos como su interior

raquíticos por codicia.

NAKED, MOCKED

> "At the time of death
> you just take what you have given. "
> WILLIAM BLAKE

Naked, mocked

by the egos

transgress the shadow

orphans compassion

skinny love

disturbed by indifference

empty as inside

stunted by greed.

PERSEVERANTE EN LA GRACIA

> El hombre es inmortal porque tiene alma,
> un espíritu capaz de compasión, sacrificio
> /y perseverancia.
> WILLIAM   FAULKNER

Perseverante en la gracia

contumaz en el sacrificio

generoso en la compasión

fortalecer esas virtudes

exaltando sus dones

nos hace inmortales

como especie.

PERSISTENT IN GRACE

"Man is immortal because he has a soul,
a spirit capable of compassion and sacrifice
/and endurance.
WILLIAM FAULKNER

Persevering in grace

contumacious in sacrifice

generous in compassion

strengthen those virtues

exalting their gifts

It makes us immortal

as a species.

ESPACIO DE RESONANCIAS

Cuando me echo

en la cama

pongo música

muy baja

para no perturbar

a la voz

de mi pensamiento

que reclama su espacio

de resonancias.

SPACE OF RESONANCIES

When I echo

in the bed

Should I put music

very low

not to disturb

the voice

my thinking

claiming their space

resonances.

ESENCIAS

Encontrarme en lo profundo

identificarme en sus formas

sentir sus trazos de luz

en lo invisible

sentir ternura

en la fortaleza de mí mismo

acceder a mi fortaleza.

ESSENCES

Find deep

identify in their forms

feel his light strokes

the invisible

feel tenderness

on the strength of myself

access my strength.

ZONA CERO

ZERO ZONE

2013

EN VÍA MUERTA

sin lucidez ni deseos

de restablecer mi norte

asumiendo mi deriva

sin posibilidad

de estar en mí mismo

cuando se abra

definitivamente el hueco.

ON A DEAD TRACK

without clarity nor desire

to restore my north

assuming my drift

without a possibility

to be within myself

when the space

finally opens.

LA CASA EN RUINAS

He vuelto

ahora me dicen

que me echas de menos

y quieres volver

mientras esto escribo

en una hoja con dibujos tuyos

Salem se sube en ella

mientras Nooky vigila

en esta casa en ruinas

el gato aprieta su cabeza

contra la mía.

DILAPIDATED HOUSE

I'm back

now they tell me

you miss me

and you want to come back

while this I write

on a page having your drawings.

Salen climbs onto it

while Nooky watches

in this decrepit house

the cat rubs his face

against mine.

HUÉRFANO EN LA CIUDAD DEL PARAÍSO

Qué difícil, qué difícil

es volver a casa

desde el corazón del paraíso,

esta noche rememoramos a Aleixandre

a orillas de la mar

en el hermoso Palmeral de las Sorpresas

ubicado done había un silo

cuando disfrutaba el poeta.

La evocación de recuerdos

me hace frágil y volver

por el paseo de la belleza

sólo con mis respuestas,

amplifican las voces contrarias

y los recuerdos de besos y caricias

instaladas en mi memoria

me hacen sentir más huérfano

cuánto la noche es más hermosa.

Y esta noche el cenit

fulge con más brillo, Aleixandre

cubre con su paleta de versos

la mar, el aire y las gentes

de la ciudad del paraíso.

AN ORPHAN IN THE CITY OF PARADISE

How difficult, how difficult

to come back home

from the heart of paradise,

tonight we honor Aleixandre

by the seaside

at the beautiful Palmeral de las Sorpresas

the palm grove

located where once there was a silo

when the poet enjoyed.

Bringing memories

makes me fragile

and to return along the path of beauty

just with my answers,

amplifies the opposed voices

and imprints of kiss and caresses

installed in my mind

makes me feel more orphan

as more beautiful is the night.

And tonight the zenith

is radiating more bright, Aleixandre

with his palette of verses

covers the sea, the air and the people

of the city of paradise.

Francisco Muñoz Soler

NO SERÁN MIS LABIOS

> Pues no ha de ser mi olvido
> la tierra ni el silencio.
> EMILIO PRADOS

No serán mis labios

amurallados silencios

en profunda y oscura

tierra, no serán

vórtices de muerte,

no serán.

Superarán los miedos

y esparcirán luces

de palabras, renaciendo

mi esperanza.

254

NOT MY LIPS

> Since my omission shall not be
> earth or silence.
> Emilio Prados

My lips will not be

fortified silences

in profound and dark

earth, they shall not be

vortices of death,

they will not be.

They shall conquer fears

and spread lights of words,

my hope

will take again birth.

DESTRUIRME Y CONMIGO AL ÁNGEL NEGRO

que entró en mí para darme tormento,

con sus alas de fuego atravesó

lo más íntimo, lo imperecedero,

destruirme para sellar mis conductos

y mis ojos vomiten su veneno

el mismo que cegó mi vida

cuando silencioso entró por ellos,

destruirme para volver a nacer,

a andar por este espacio de vida

sinónimo de olvido, y mis labios

detenido el tiempo, puedan restaurar

mi sentido hasta la puerta de lo eterno.

DESTROY ME AND WITH ME,
THE BLACK ANGEL

which came inside to torment me,

with its wings of fire it traversed

the most intimate, the everlasting,

destroy me to seal my ducts

that my eyes may vomit its poison,

such poison which blinded my life

when it silently entered through them,

destroy me to take birth again,

to walk in this walk of life

synonym of oblivion, and that my lips

time at halt, may restore my senses

till the door of eternity.

CREZCO ENTERO HACIA EL FUTURO

me alzo a la transparencia

del mundo bajo un sol

que atraviesa la negrura

crezco con mis huesos

torneados de dolor y tierra arisca

sintiendo mi cuerpo verdadero

fortalecido por la derrota de la sombra

crezco recibiendo luces

de un vivir que entiendo

el que me alzó en la niñez

hacia la orilla de lo eterno.

I GROW FULL TOWARDS THE FUTURE

I raise to the transparency

of the world beneath a sun

traversing darkness

I grow with my bones

toned from pain and barren earth

feeling my true body

strengthened by the shadow's defeat

I grow receiving lights

from a life I understand

and which during childhood

rose me to eternity's shore

EN LA INFALIBILIDAD DE LOS DOGMAS

el ser humano nunca encontrará

su camino de felicidad

porque la certeza es la incertidumbre.

IN THE ASSURANCE OF DOGMAS

human beings will never find

their path to prime joy

because not knowing is the real certainty.

LATIDO ÍNTIMO

INNER HEARTBEAT

2014

EN UNA HABITACIÓN

de un cutre hotel

cuyos ventanales otan la frontera,

un cálido domingo en Tijuana

sin nada que hacer,

sólo como una planta en su taza

absorbo como agua

poemas de Bukowski,

he leído unos cuantos

de sus primeros años,

me llega su anarquía,

la lucidez de su poética.

IN A ROOM

of a seedy hotel

whose windows nato border,

a warm Sunday Tijuana

without anything to do,

just as a plant in your cup

absorb as water

Bukowski poems,

I read a few

of his early years,

I get the anarchy,

the lucidity of his poetry.

AGARRADA A LA NOCHE

al amor y la amistad,

bebe, charla, baila, besa,

sus ojos chispados

buscan compasión y esperanza,

quiere que nunca acabe

esta noche rodeada

de personas que la aman.

En Tijuana, a Ana en su dolor.

HELD BY THE NIGHT

love and friendship,

drinks, talks, dances, kisses,

her sparkling eyes

are seeking compassion and hope,

she wants that never ends

tonight surrounded

people who love her.

In Tijuana, to Anna in her pain.

DEJO TIJUANA

su bullicioso centro

de impersonal aspecto,

su frontera

y sus campamentos de deportados,

su horrible escultura

en la colonia cruda de violencia,

su playa salvaje

con las islas Coronadas

y su valla,

su hipódromo, los galgos

y los Xolos,

su universidad autónoma

y sus privadas,

sus colegios de secundaria

y sus poetas,

sus buenas gentes

y su áspera belleza.

En el aeropuerto de México DF

I LEAVE TIJUANA

its bustling center

impersonal aspect,

its border

camps and deported,

its ugly sculpture

in raw colony of violence,

its wild beach

Capped with islands

and fence,

its racecourse, Greyhounds

and Xolos,

its autonomous university

and private,

their secondary schools

and poets,

its good people

and its rough beauty.

At the airport in Mexico City

CON LA MIRADA FIJA EN LOS NÚMEROS DEL
AÑO,

como cuerpo extraño me golpean

dos mil trece, dos mil trece golpes en mis ojos,

ayer era mil novecientos setenta y ocho

y me imagino el año que seré mayor,

lo cercano que será mañana, lo cercano.

STARING THE NUMBERS OF THE YEAR,

as foreign body hit me

two thousand and thirteen, two thousand and thirteen blows in my eyes,

yesterday it was 1978

and I imagine the year that I be greater,

how close it will be tomorrow, how close.

Decía CAMÚS que no había nada más absurdo que morir en un accidente,

convencido no del sin sentido del mundo sino de la falta de sentido del mismo

un día antes de morir en un absurdo,

tan fulminante que ni siquiera diez segundos antes lo intuyó,

por eso es tan importante vivir la vida con dignidad entre dolor y belleza.

CAMÚS used to say that there was nothing more absurd than to die in an accident,

not convinced of the nonsense of the world but the senselessness of it

one day before dying in an absurd,

so withering that even ten seconds before intuited,

why it is so important to live life with dignity between pain and beauty.

REGRESAR AL ORIGEN

Miro a la mar desde mi casa

intentando hallar un instante de éxtasis,

un nirvana minúsculo, entregado a mi visión

con la mente en calma el silencio

toma cuerpo con un sonido

preciso en su textura y denso en su germen,

esa misma marque bañó mi infancia

diluida en un marasmo de recuerdos

alimenta el océano de mis sueños

regresando a mí convertida en arista,

instándome a volver al tesoro de mi vida

desprovisto de vanidad y nostalgia.

Ave de luz en gravidez cuántica

con sus sutiles alas supera

el temor del mañana que aguarda,

con sus huellas me regresa

al magma del lejano principio

de mi edad vencida, al origen.

RETURN TO THE ORIGIN

I look at the sea from my house

trying to find a moment of ecstasy,

a tiny nirvana, given my vision

with a calm mind silence

making body with a sound

precise texture and dense in its germ,

the same mark bathed my childhood

diluted in a morass of memories

feeds the ocean of my dreams

He turned back to me on edge,

urging me to return to the treasure of my life

devoid of vanity and nostalgia.

bird of light in quantum gravity

with gossamer wings exceeds

the fear of tomorrow that awaits,

with their footprints me back

Far magma principle

overcome my age, origin.

RESUENAN EN MIS OÍDOS

las herraduras de las bestias

bajando por el camino empedrado

hacia las cuadras en el fondo,

las agonías de los cochinos

resistiéndose hasta lo último,

aún crece en mi memoria

los frutos de los árboles

higos, naranjos, moras, limones

y el parral con su agradable sombra,

la presencia de mi imponente abuela

a pesar de sus años

desprendía un aura fortificada

que la muerte convirtió en mármol,

mis recuerdos en aquella casa

los protejo no volviendo a ella

y nos lo sepulten las cenizas

de los rescoldos de sus voces.

ECHO IN MY EARS

horseshoes of the beasts

down the cobblestone road

to the blocks in the background,

the agonies of the pigs

resisting to the last,

still it is growing in my memory

the fruits of the trees

figs, oranges, blackberries, lemons

and parral with its pleasant shade,

the imposing presence of my grandmother

despite his years

He gave off an aura fortified

that death became marble,

my memories in that house

protecting you not returning to her

and we bury the ashes

the embers of their voices.

COMO SI CON LA FOSFORENCIA DE LOS DÍAS

rodasen por el cráter del alma,

asentándose en la planicie quebrada de mi vida

e interiores hendiduras fuesen referencias

en la estructura de mi identidad

en mi intento de compilar el collage de mi persona,

así siento la levedad de mi espíritu,

ahora que conozco demasiados muertos queridos

empiezo a no sentir tan terrible la muerte

y a conocer el camino de mi centro,

ese punto de condensación donde evolucionaré

en efímero fulgor de aurora.

AS IF WITH PHOSPHORESCENCE OF DAYS

roll down by the crater of the soul,

settling down in the gorge plains of my life

and inner indentations were references

in the structure of my identity

in my attempt to compile the collage of myself,

so I feel the lightness of my spirit,

Now I know too many dead ones

I start to feel not so terrible death

and know the way to my center,

that point where condensation will evolve

ephemeral glow of dawn.

POEMAS   NUEVOS
NEW POEMS

ELOCUENCIA DE SILENCIOS
ELOQUENCE OF SILENCE
2015

EL PÁNICO PARECE SUFICIENTE

> Que los mejores cohabiten con los mejores
> tantas veces como les sea posible
> y los peores todo lo contrario.
> PLATÓN

Una ola de pánico inducido recorre la Tierra,

un antiguo virus poco agresivo, aún sin vacuna,

parece ha mutado, dañando fetos

en las embarazadas.

Algunos dicen que lo propaga un mosquito

trasmutado o la plaga lo produjo pesticidas.

La organización mundial de la salud, aconseja

a las mujeres de esas zonas de endémica

pobreza no quedar embarazadas, aún no aconseja

no cohabitar por prudencia.

Cómo resolverán el problema en las zonas

 infectadas, repletas de pobres promiscuos,

procreadores convulsivos de seres débiles.

De momento la plaga no es un mandato divino,

y el temor de dios descansa, el pánico

parece suficiente.

PANIC SEEMS SUFFICIENT

> That the best cohabit with the best
> them as many times as possible
> and worst opposite.
> PLATÓN

A wave of panic-induced runs the Earth, an old little aggressive virus, even without a vaccine,

It seems to have mutated, damaging fetuses in pregnant women.

Some say it propagates a transmuted or pest mosquito pesticides produced it.

The World Health Organization advises women in these areas endemic

Poverty does not become pregnant, yet prudence advised not cohabit.

How they solve the problem in infected areas filled
promiscuous poor,

convulsive procreative of weaklings.

At the moment the plague is not a divine command,
and fear of God rests, panic seems

enough.

SEIS MIL SEISCIENTAS PERSONAS murieron en
El Salvador en dos mil quince, de forma violenta

en colonias populares. Comunica el programa de
noticias de la televisión con la misma

emoción que nombran isobaras.

Y abunda en la estadística, son mil quinientas más
que en dos mil catorce. Como litros por

metro cuadrado de agua de lluvia.

Continúa con monocorde metálica que en Temixco
de Morelos, en el corazón de México, unos

sicarios han abatido a balazos a una alcaldesa.

Cierra con la información meteorológica, con el
mismo tono aséptico.

Hoy en domingo y la Bolsa está cerrada.

SIX THOUSAND SIX HUNDRE PEOPLE died in
El Salvador in two thousand fifteen violently

in neighborhoods. Communicates the news program
TV with the same

emotion named isobars.

And abundant in the statistics, are fifteen hundred
more than in two thousand and fourteen. As liters

square meter of rain water.

Continues with metallic monotone in Temixco
Morelos, in the heart of Mexico, about

hitmen have gunned down a mayor.

Closes with the weather, with the same aseptic tone.

Today on Sunday and the Stock Exchange is closed.

EN ESTA LUMINOSA y por fin fresca mañana de otoño, cuento los meses de despertares intempestivos.

Para llegar a ese tiempo de caminar suave, inaudible, donde vivir sea un pasar en calma, sin afán de lucros, hacia una línea cercana a la que temo, aunque intento convencerme que por natural será liviana.

En esta mañana la húmeda fragancia me envuelve

en un canto de silencio.

IN THIS LIGHT and so cool autumn morning. I count the months of awakenings

inopportune, to arrive at that time to walk soft, inaudible, to live it a pass

calm, without desire for profit, to a nearby line that I fear, though I try

will convince me that natural light. This morning the wet fragrance envelops me

a song of silence.

DE NIÑO sentía una sobrecogedora emoción al ver las manos de mi abuelo, sus estribaciones

de arrugas surcadas por la vida, sus articulaciones deformadas por sedimentos de

experiencias, las comparaba con las mías huérfanas de saberes.

Esa sensación me llevaba a sus cansados ojos para escuchar su alma que mantenía la pureza de su infancia.

De niño observando a mi abuelo comprendí la brevedad de la vida y a ser persona.

WHEN I WAS A CHILD I felt an overwhelming
emotion at seeing the hands of my grandfather,
foothill wrinkle furrowed by life, your joints
deformed by sediments

experiences, compared with orphan mine
of knowledge. That feeling led me to her

tired eyes to hear his soul that kept the purity of his
childhood. As a child

I watched my grandfather understood the brevity of
life and personhood.

MAR DE DOLOR

En la Oficina, en lo último del vino. Una llamada
telefónica. Tres bombas en el Estadio, nos dicen que
varios heridos,
rumores de sirenas, las sonrisas se tornan graves.

Se resisten las buenas sensaciones, el ulular nos
arrebata el ánimo. Otra llamada en Bataclan
un fusilamiento.

Las sirenas envuelven la noche, en la avenida Flandre
me cruzo con policías y la Científica.
La conmoción se expande.

La pantalla gigante del vestíbulo del hotel, muestra
imágenes de la barbarie. París es un sonar, late con
el dolor de las víctimas.

SEA OF PAIN

In the officiate, in the last of the wine. A phone call.
Three bombs at the Stadium,

rumors of sirens, smiles Le petit point they become
serious. resist the good feelings, the hooting snatches
our spirits. Another call Bataclan an execution.

Sirens night wrapped in the Flandre Avenue I meet
with police and Scientific. The shock expands.

The giant lobby screen shows images of barbarism.
Paris is a ring, beats
the pain of the victims.

DESDICHADO EL PAÍS QUE MATA
A SUS POETAS

I

Qué formas adivinan las almas libres bajo el opaco sol, qué contornos diseñan en la ventisca

del oprobio, en un tiempo inane, escuálido de esperanza.

Cómo despertarán una sonrisa seres sin reposo, emerger del letargo y mostrar el rostro

escondido bajo la infinita tristeza.

II

Un coro enmudecido flota en la zozobra del acoso y el vacío, honda entonación que se subleva

a la opresión en días de olvido, donde la libertad es extraña y la indigencia cercana.

Una determinación transformadora que atraviesa un silencio espeso, que sobrevolará tiempo

y espacio en las conciencias de los hijos de los verdugos.

MISERABLE COUNTRY THAT KILLS ITS POETS

I

What forms guess free souls under the opaque sun,

which outlines designed in the blizzard

of shame, in a inane time, I hope scrawny.

How will awaken a smile beings without rest,

 emerge from lethargy and show the face

hidden under the infinite sadness.

II

A muted chorus floats on the capsizing of harassment

and emptiness, deep intonation rebels

oppression in days of oblivion, where freedom is

strange and destitution nearby.

A transformative determination through a thick silence that fly over time

and space in the minds of the children of the executioners.

DESDICHA

A Anna Ajmatova

Once memorias cobijan palabras y lágrimas
inocentes en noches sin alba,
de opresivos puños que exigen cánticos de
inquebrantable pureza
entre aullidos que rasgan el silencio por el hijo
que no ha vuelto.
Intenta ahogar la fantasía el cuervo negro
que surca la tierra con los cuerpos de los poetas.

Once memorias, once, cantan Requiém
en el silencio fructífero.

MISERY

To Anna Akhmatova

Eleven memories shelter innocent words and tears in nights without dawn,

oppressive fists chants demanding unswerving purity

They are ripping howling silence for the son she has not returned,

tries to drown fantasy with beak, black crow

that crosses the land with the bodies of poets.

Eleven memoirs, eleven, sing Requiem in the fruitful silence.

CRECÍ EN UN MUNDO

El roce y la agitación/ de la guerra nuclear;
hemos matado a golpe de palabras nuestra extinción.
Nuestro fin se va aproximando, la luna se levanta,
radiante de terror.
ROBERT LOWELL

Crecí en un mundo de escaladas

de intimidaciones entre buenos y malos,

cuantas más bombas atómicas,

más seguridad decían ofrecer a sus súbditos.

Los unos y los otros, multiplicaban por mil

las armas necesarias para destruir la Tierra.

Una existencia de botones y teléfonos rojos.

Código final de alarma, donde los príncipes

apaciguarían la agresividad de soldados y espías.

Una guerra tan fría que se cantaban nanas a una luna

antártica, en ese helor se desmoronó

el muro del paraíso en la Tierra.

En ese tiempo me hice adulto, mirando a la luna

helada de terror por la codicia de los

hombres, esperando el día después.

I GREW IN A WORLD

Rubbing and agitation / nuclear war
We have killed our words hit extinction.
Our aim is approaching, the moon rises, radiant /with
terror.
ROBERT LOWELL

I grew up in a world of intimidation escalations
between good and evil, the more pumps
atomic, said more security to offer their subjects.

The one and the other, multiplied by a thousand, the
necessary weapons to destroy Earth.

An existence and red phone buttons. end alarm
code, where the princes
appeased the aggressiveness of soldiers and spies.

Such cold war, lullabies were sung to an Antarctic
moon, then he collapsed helor

the wall of paradise on earth.

At that time I became an adult, looking at the icy moon of terror by the greed of

men, waiting for the day after.

Francisco Muñoz Soler
Nacido en Málaga el 24 de Diciembre de 1.957

Bibliografía:

2016 - Cuaderno de viaje (plaquette)   **Ed. Hanan Harawi**

2016 - Zona Cero- Zone Zero   **Ed- LaOvejitabooks**

2015- *Latido íntimo-Inner heartbeat*   Ed. Corona del Sur,
Málaga, España

2014- *Select Poems - Poemas Selectos*   Ed. CreativeSpace,
California-USA

2014- *Esencias* y *Alma entre almas* (2ª ed.)   Ed. Difusiona2,
Sevilla-España

2014- *En tiempo de prodigios 2008-14*   Ed. Navegando
sueños, El Salvador

2012- *Esencias* y *Alma entre almas*   Ed. Transtextual,
México

2012- *La claridad asombrosa* (2 ª edición)   Ediciones El Barco
Ebrio, España

2011- *La incierta superficie* (Antología)   Colección Sur, La
Habana-Cuba

2011- *Ícaro*   Ediciones El Barco Ebrio, España

2011- *Selección Natural* (Selección)   Ediciones Rubeo,
Málaga, España

2010- *Restauración* y *La voz del pensamiento* Editorial A Bordo del Polen, México

2010- *Una flor erguida* (Selección) Ediciones Paracaídas, Lima-Perú.

2009- *La claridad asombrosa.* Editorial Voces de Hoy, Florida-USA

2008- *La densa corporeidad de mi memoria* Ediciones Estival, Venezuela

2006- *Áspero tránsito* Ediciones Pájaros en los cables, Lima-Perú

2000- *Lluvia ácida* Ediciones Vicio Perfecto, Lima-Perú

1996- *Prehistoria poética 1978-1988/96* Ediciones Estival, Venezuela

Traducido al inglés, italiano, árabe y bengalí.

2016- Gira por Canadá

2016- Gira por Palestina

2016- Presentaciones en Nueva York, USA

2015- Presentaciones en Tánger(Marruecos) y París(Francia)

2015-Feria del libro Hispana/Latino de Nueva York, USA

2015-Gira de presentaciones en Managua, Nicaragua

2015-Gira de presentaciones en El Salvador

2015-Feria Internacional del Libro de La Habana, Cuba

2014-Feria Internacional del Libro de Guadalajara, México

2014-Feria del Libro Dominicano de Nueva York, USA

2014-Encuentro Internacional de Poesía de Ourense, España

2013-Festival Internacional de Poesía Caracol Tijuana, México

2013-Festival Internacional de Poesía de Quetzaltenango, Guatemala

2013- Festival Internacional de Poesía de La Habana y gira por Cuba

2012- Festival Internacional de Poesía de La Habana, Cuba

2011- Festival Internacional de Poesía de Cartagena de Indias, Colombia

2011- World Festival of Poetry. Quintana Roo. México

2011- Gira presentaciones en Lima, Perú

2011- I Festival Iberoamericano Salvador Díaz Mirón, Veracruz, México.

2010- Encuentro Internacional 3 orillas en La Laguna, España

2010- Gira de presentaciones en Chile

2010- Festival Internacional de Poesía de La Habana, Cuba

2009- Feria de las Artes de Alajuela, Costa Rica

Organizador del Ciclo Poético Plenilunio y El escarabajo de oro de relatos en Málaga.

Ha publicado en las Revistas de Literatura Digitales, *Artepoética, Remolinos, Carrollera, Encontrarte, Cinosargo, Letras Nuevas, Palabras de Tramontana, Divague, El Laberinto de Ariadna, Es hora de Embriagarse, Herederos del Caos, Perito, 40cheragh, Urraka Internacional, Voces de Hoy, Almiar, Letras, Ariadna-RC, Laberinto, La Rosa Profunda, Nevando en la Guinea, Espíritu Literario, Pensamientos Líkidos, Dulce Arsénico, Laberinto de Torogaz, Palabras Salvajes, Antaria, Mondo Kronhela, Imaginante, Nueva Literatura, La Botica, Azaul@rte, The Big Thimes, Isla Negra, Árbol Invertido, Letras de Chile, Literarte, Botella de Náufrago, Analecta Literaria, El Cuervo, Vicio Perpetuo, Calle B., La Casa de Asterión, Ágora, Yla, Cañasanta, Sinalefa, Golfa, Gente de Arte, Propuesta, Epligramas, Baquiana, Linden Lane, Guka, Gaceta Literaria, Raíces de Papel, Astrolabium, Conexos, Letralia,* entre otras.

La presente obra ha sido editada y diseñada
por Juan Navidad,
terminando el 2 de enero de 2017

Existen más libros electrónicos y en papel de diversos
autores y autoras
de todo el mundo a la venta en La Ovejita Ebooks.
www.laovejitaebooks.com

Únete a la página de FB de La Ovejita Ebooks en:
www.facebook.com/laovejitaEbooks
contacto: juannavidadNY@gmail.com

www.ingramcontent.com/pod-product-compliance
Lightning Source LLC
Chambersburg PA
CBHW030005110426
42736CB00040BA/262